Mehr vom kleinen Bären Krümel
und seinem großen Gefährten
von Nele Moost und Michael Schober
bei Esslinger:

„Ich hab dich und du hast mich“,
„Ein Tag mit dir ist immer schön“,
„Dich geb ich nie mehr her“,
„Ohne Krümel geht es nicht“,
„Krümel und die Weihnachtskiste“

Frottee Krümel-Bären, Pappkoffer, Taschen, Lesezeichen,
Sammeltassen und viele weitere bärige Geschenkartikel
sind in der Edition Wundersam erhältlich.

Mehr über den Illustrator unter
www.michael-schober.com

Anschrift: Postfach 10 03 25, 73703 Esslingen
www.esslinger-verlag.de

ISBN 3-480-21935-7

Nele Moost & Michael Schober

Krümel lernt schwimmen

esslinger

Krümel lernt jeden Tag etwas Neues.
„Was lernen wir heute?“, fragt er den großen Bären.
„Wir können zum See fahren und schwimmen lernen“, schlägt der große Bär vor.
„Schwimmen ist das Beste“, freut sich Krümel. „Und wie geht das?“
Der große Bär zeigt es ihm.
Krümel schwimmt schon mal ein bisschen auf dem Teppich.

Der große Bär holt die Badetasche.
„Hier kommt alles rein, was wir brauchen“, sagt er. Krümel hilft beim Packen.
Er schwimmt den Flur entlang und holt seinen Badeschaum, seinen Waschkrümel, seine Badeenten, seine Gummifrösche und noch mehr.
„Das ist zu viel“, erklärt der große Bär.
„Man nimmt nicht alles mit. Wir packen nur ein, was wir zum Schwimmen brauchen.“
„Nur was wir brauchen. Nur was wir brauchen!“, singt Krümel und hat schon wieder etwas gelernt.

Endlich geht es los.
Krümel lässt sich gern mit dem Fahrrad spazieren fahren. Unterwegs erzählt er dem großen Bären, was er noch alles lernen möchte.
„Und wenn ich groß bin, dann kann ich alles“, erklärt Krümel. „Genau wie du.“
„Ganz bestimmt“, bestätigt der große Bär.
„Schau mal, da vorn ist der See.“

Krümel kann es kaum erwarten. Er will gleich ins Wasser.
Aber der große Bär muss erst eine Decke ausbreiten. Dann stellt er den Sonnenschirm auf. Dann packt er die Handtücher und die Schwimmsachen aus. Dann trinkt er noch etwas Saft.
Krümel schwimmt schon mal ein paar Runden um die Decke herum.
Jetzt kann er nicht länger warten.

Krümel rennt so schnell zum Wasser, dass der große Bär gar nicht hinterherkommt.
„Achtung, Platz gemacht. Hier schwimmt Krümel."
„Warte", ruft der große Bär. „So geht das nicht. Ich muss dir helfen."
Aber Krümel hört ihn nicht.
Er breitet die Arme aus und schmeißt sich ins Wasser.

Krümel paddelt mit Armen und Beinen. So wie der große Bär es ihm gezeigt hat.
Er strengt sich mächtig an.
Aber er kann sich nicht über Wasser halten. Er geht unter und schluckt Wasser.
Zum Glück ist der große Bär gleich zur Stelle und rettet ihn.
Krümel muss mächtig husten.
Schwimmen ist doch nicht so einfach.
Das hat sich Krümel anders vorgestellt.

Der große Bär wickelt Krümel in ein dickes, weiches Handtuch und rubbelt ihn trocken.

„Das Wasser ist blöd", erklärt Krümel. „Ich schwimme nur noch auf der Decke."

„Das wäre schade", sagt der große Bär. „Ich hab nämlich was für dich."

Er pustet ein Schwimmtier auf.

„Daran kannst du dich festhalten, wenn wir doch noch mal ins Wasser gehen."

„Möchtest du zum Trost ein Eis?“, fragt der große Bär.
Krümel nickt. Er braucht jetzt unbedingt ein Trosteis.
Die beiden radeln zum anderen Ende des Sees.
Sie stehen am Eisstand an. Die Schlange ist ziemlich lang.
Sie müssen warten. Das ist gut. Denn Krümel braucht viel Zeit.
Er muss überlegen, welche Sorte er haben will.

Als sie das Eis aufgegessen haben, fragt der große Bär:
„Wollen wir noch mal schwimmen?“
Krümel zögert. „Ja, später!“
Vorher muss er noch mal. Dann will er sich noch etwas ausruhen.
Dann hat er noch Hunger. Ihm fällt immer noch etwas ein.
„Was ist denn los?“, fragt der große Bär. „Traust du dich
nicht mehr? Hast du Angst?“
Krümel nickt. „Lachst du mich jetzt aus?“
„Natürlich nicht, jeder hat mal Angst. Wir können ja ein bisschen
warten und es später noch einmal versuchen.“

Aber daraus wird nichts.
Am Himmel ziehen dunkle Wolken auf.
„Es gibt gleich ein Gewitter“, erklärt der große Bär.
„Wir müssen schnell nach Hause.“
Die beiden packen ihre Sachen.
Sie wollen zu Hause sein, bevor das Unwetter losgeht.

Gerade als sie zu Hause die Tür aufschließen, fängt es an. Es gießt in Strömen und blitzt und donnert.
Die beiden sind froh, dass sie es rechtzeitig geschafft haben. Nur, dass das mit dem Schwimmen lernen nicht geklappt hat, ist blöd.
„Schade“, meint Krümel, „zusammen schwimmen wäre so schön gewesen. Jetzt kann ich kein großer Schwimmbär werden.“
„Was können wir da machen?“, fragt der große Bär.
Krümel hat eine Idee.

Die beiden schwimmen in der Badewanne mit viel Schaum.
Und der große Bär hält seine Hand unter Krümels Bauch.
„Jetzt kann mir nichts passieren", freut sich Krümel. „Und morgen fahren wir wieder zum See. Da sind wir ein bisschen vorsichtig. Und dann können wir auf einmal schwimmen."
„Genauso wird es sein", brummt der große Bär, „und dann hast du schon wieder was Neues gelernt."